먹히기 위해 태어난 동물의 비밀

닭장 속에는 치킨이

illustration+storia('역사'의 이탈리아어)의 합성어로,
우리와 세계 모든 이들이 함께 이룩한 역사가 일러스트를 만나 태어난, 알기 쉬운 역사 교양 시리즈입니다.

먹히기 위해 태어난 동물의 비밀
닭장 속에는 치킨이

illustoria 010

초판 1쇄 인쇄 2025년 9월 20일
초판 1쇄 발행 2025년 9월 30일

지은이 기획집단 MOIM
그린이 홍지혜
펴낸이 김연희

펴 낸 곳 그림씨
출판등록 2016년 10월 25일(제406-251002016000136호)
주   소 경기도 파주시 광인사길 217(파주출판도시)
전   화 (031) 955-7525
팩   스 (031) 955-7469
이 메 일 grimmsi@hanmail.net

ISBN 979-11-89231-67-5 03330

먹히기 위해 태어난 동물의 비밀

닭장 속에는 치킨이

기획집단 MOIM 글 · 홍지혜 그림

그림씨

프롤로그

인류와 친숙한 닭!
닭도 그렇게
생각할까?

지구상에는 많은 나라가 있습니다.

유엔 가입국만 해도 193개국*에 달합니다.

유엔 미가입국 외에도, 스스로 '나라'라 일컫는 집단들도 있습니다.

유명한 축구대회 월드컵을 개최하는 국제축구연맹(FIFA)에는

211개의 나라(지역)가 가입되어 있기도 합니다.

그럼, 이 모든 나라의 공통점은 무엇일까요?

여러 가지가 있을 것입니다. 그 가운데서도 특이한 것이 있는데,

바로 '닭'을 키운다는 사실입니다.

* 2025년 기준.

지구상에 존재하는 나라 가운데 바티칸 시국을 제외하면

모든 나라가 닭을 키웁니다.

그만큼 닭은 인류와 친숙한 가축입니다.

닭은 인류에게 단백질을 공급하는 대표적인 가축입니다.

인류가 먹는 가축 가운데 가장 많은 것이 가금류*인데,

대부분 닭이죠.

그렇다면 지구상에는 닭이 얼마나 있을까요?

200억 마리가 넘는 닭 가운데

야생 닭의 수는 무시해도 될 만큼 적습니다.

대부분 닭은 식용으로 인간이 기르고 있으며, 그 수가 너무 많아

지구상의 (닭을 제외한) 모든 조류를 합한 것보다 닭 한 종의 수가

더 많습니다. 그만큼 인류는 닭에게 큰 빚을 지고 있는 셈입니다.

그럼, 인류는 닭을 어떻게 대우하고 있을까요?

우리 함께 닭장 속으로 가 볼까요?

차
례

1부

어쩌다 닭은
만만한 음식이
되었을까?

닭이 먼저일까, 달걀이 먼저일까?

'닭이 먼저일까, 달걀이 먼저일까?'라는 질문은

우스갯소리로 자주 사용하지만 과학적으로 의미가 있습니다.

그래서 수많은 과학자가 닭이 먼저인지,

달걀이 먼저인지 연구를 멈추지 않고 있죠.

닭이 먼저입니다. 암탉의
난소에서 발견된 특정 단백질
성분이 달걀을 만드는 데
필수적인 역할을 합니다.
그러니 닭이 있어야만
달걀을 만들 수 있죠.

달걀이 먼저입니다. 최초의
닭이 어떻게 존재했겠습니까?
당연히 알 속에 배아 형태로
존재하다가 부화한 거죠.
그러니 달걀이 먼저입니다.

닭이 먼저! 달걀이 먼저?

아직도 닭이 먼저인지, 달걀이 먼저인지에 대한 명확한 답은
나오지 않았습니다.
그렇다면 인간은 닭을 먼저 먹기 시작했을까요,
달걀을 먼저 먹기 시작했을까요?

원시시대에는 닭고기를 먼저 먹었는지, 달걀을 먼저 먹었는지
정확히 알 수 없습니다.
이후 알려진 바에 따르면 인류는 달걀을 먹기 위해
닭을 기른 것으로 추정하고 있을 뿐입니다.

또한, 닭이 처음부터 달걀을 많이 낳은 건 아닙니다.
가축화한 후, 개량 과정을 거치며 많이 낳게 된 것이죠.
달걀을 많이 낳게 되자, 달걀 생산을 위해 닭을 키우기 시작했습니다.
닭이 늙어 더 이상 알을 낳지 못하게 되면,
그땐 잡아먹었습니다.
이러한 전통은 오래도록 계속되어, 전 세계적으로 닭은
달걀을 먹기 위해 키우는 경우가 대부분이었습니다.
그러던 중 1923년, 우연한 일로 닭고기 공급용 닭을 기르겠다고
마음먹은 인물이 미국에서 등장했습니다.

닭고기 생산이 본격화할 무렵, 제2차 세계대전이 일어났습니다.

전장에서 싸우는 군인들에게는 무엇보다 단백질이 필요했죠.

미군은 닭고기를 군대에 보급하기 시작했고

닭고기 생산량은 크게 늘어났습니다.

이렇게 달걀 대신 닭고기를 먹기 위해 닭 사육이 본격화하면서

큰 변화가 일어났습니다.

달걀을 많이 낳는 닭 품종과 고기 생산용 닭 품종을

따로 개발하기 시작한 것입니다. 그렇게 연구를 하다 보니

두 가지의 닭 품종이 이전보다 훨씬 빠르게 개선되었습니다.

이때부터 미국 양계 산업은 놀랄 만큼 빠르게 발전했습니다.

달걀 생산량도 빠르게 늘어났고

고기용 닭 역시 엄청난 숫자로 늘어났죠.

하지만 사람들은 여전히 닭을 전통적인 방식으로 요리해 먹었습니다.

닭은 점점 늘어나는데,
사람들이 사 먹질 않네.
어쩐담?

너깃*으로 만들면 사람들이
좋아하지 않을까?

* 잘게 자른 닭고기에 양념을
하여 만든 가공육. 일반적으로는
'치킨너깃'이라고 부른다.

양계업자들은 닭을 이용한 다양한 요리를 개발해서 선보였습니다.

그 결과 미국인들은 이전보다 훨씬 많은 닭을 먹기 시작했습니다.

결국 남아돌던 닭고기는 부족할 지경에 이르렀고, 이에 양계업자들은

더 많은 닭고기를 공급하기 위해 머리를 맞댔습니다.

닭, 대량 생산이 시작되다

달걀을 먹기 위해 키우던 닭을 직접 잡아먹기 시작하면서,
닭을 키우는 양계 농장들 역시 변하기 시작했습니다.

달걀을 낳는 닭, 산란계(産卵鷄)와

고기를 먹기 위한 닭, 육계(肉鷄), 두 종류를 키우기 시작했죠.

축산학자들 역시 산란계가 더 많은 알을 낳게 하는 방법과

더 빨리 살이 찌는 육계 품종을 개발하기 위해 온 힘을 다했습니다.

그 과정에서 가장 먼저 떠오른 아이디어가 있었습니다.

종자와 사료 가게를 운영하던 제시 주얼(Jesse Jewell, 1902-1975)은

자동차 조립 공장에 사용하던 포드 시스템(Ford system)을

양계 산업에 도입하고자 한 것입니다.

포드 시스템이란, 자동차 조립 시 자동차가 컨베이어 벨트를 따라

통과하며 움직이면 노동자가 그에 맞추어 작업을 하는 생산 시스템입니다.

대량 생산을 통해 원가 절감을 하는 생산 시스템으로,

'컨베이어 시스템(Conveyor system)'이라고 부르기도 합니다.

> 대량 생산이 필수적이야.
> 근데 혼자서는 많은 닭을
> 키울 수 없잖아. 그러다
> 좋은 수가 떠올랐지!

제시 주얼

이렇게 새로운 방식의 양계 산업이 탄생했습니다.

새로운 양계 방식이 자리 잡자, 대기업이 빌려준 닭을 키워

되갚는 농부와, 닭을 키우는 데 필요한 모든 요소를 소유한

대기업이 존재하게 되었습니다.

이때부터 양계장을 운영하는 사람들은 농부가 아니라

노동자가 되었습니다. 마치 자기 것이 아닌 차량을 조립하는

자동차 공장 노동자처럼 말이죠. 이러한 새로운 방식의 양계 산업을

'수직계열화'라고 부릅니다.

수직계열화란?

1.

종계(병아리를 생산하기 위한 닭)가 낳은
달걀을 부화시킴

2.

병아리, 사료, 영양 보충제 등을
위탁 양계장에게 공급

3.

위탁 양계장이 병아리를 사육

4.

최소 무게 1.5kg이 될 때까지 키움

5.

다 키운 닭을 수거해 도계장으로 이송

6.

도계 및 가공 과정을 거침

7.

유통 및 판매

8.

수직계열화란 이 모든 과정을
한 기업이 담당하는 거야!

닭고기 값만 저렴해진 것은 아니었습니다.

달걀 역시 대량 생산 시대로 접어들었죠.

이전에는 달걀은 귀한 음식이었고, 닭고기는 더더욱 귀했습니다.

그러나 양계 산업이 전환점을 맞이하면서 새로운 시대가 열렸습니다.

이제 닭은 값싼 단백질 공급원이 되었고, 누구나 닭으로 만든 다양한

음식을 접할 수 있는 시대가 된 것입니다.

과거

현재

하지만 빛이 있으면 그늘도 있는 법이죠.

사람들이 값싼 닭고기를 먹기 시작하면서 예상치 못한 부작용이

여기저기서 드러나기 시작했습니다.

모든 문제를 경제적 이득이 얼마나 큰지에 따라 결정하는 양계 산업의

특징에서 비롯된 것이었습니다.

2부

알 낳는 기계,
닭!

언제까지 병아리가 깨기만을 기다려?

가장 먼저 맞닥뜨린 문제는 병아리를 얼마나 빨리, 그리고

많이 얻을 수 있을까 하는 것이었습니다.

산란계건, 육계건, 우선 병아리가 필요합니다.

그런데 병아리 한 마리를 얻으려면 3주 동안 어미 닭이

달걀을 품고 있어야 하죠.

고민 끝에 사람들은 인공부화를 떠올렸습니다.

암탉이 알을 품는 것과 똑같은 환경을 인공적으로 만들어

달걀을 부화시키는 것이죠.

인류는 오래전부터 인공부화를 이용했습니다.

전하는 바에 따르면, 고대 이집트에서도

인공부화기를 사용했다고 합니다.

또 중세에도 부화기를 사용했다는 기록이 있습니다.

하지만, 현대의 인공부화기 규모는 고대나 중세의 것과는

비교할 수 없이 큰 것이었습니다.

인공부화를 실시하면서 양계 산업은 획기적인 발전을

거듭하게 됩니다. 그러나 늘 좋은 일만 있는 것은 아니었습니다.

산란계는 알을 낳는 품종입니다.

수컷으로 태어난 산란계, 즉 수평아리들은 경제적 측면에서

아무 쓸모없는 존재일 뿐이죠. 결국 인공부화로 태어난 산란계 가운데

약 40%에 달하는 수평아리들은 태어나자마자 분쇄기 속으로 직행합니다.

엄마 품에 안겨 보지도 못하는 것은 물론이고,

숨 한 번 제대로 쉬어 보지도 못한 채 목숨을 잃었습니다.

산란계는 슬프다삐

산란계의 운명

그렇다면 살아남은 산란계들은 행복한 삶을 이어 나갈까요?

살아남은 산란계들 역시 오직 인간의 돈벌이 대상으로 살아가야 했습니다.

산란계가 낳는 알, 그러니까 달걀에는 두 종류가 있습니다.

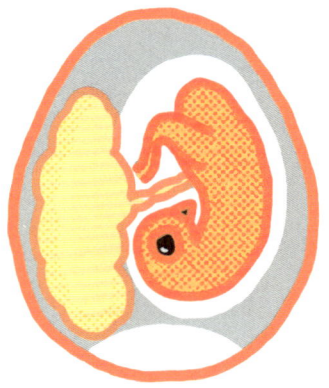

유정란(有精卵)

암탉과 수탉이 교배해 낳은 알.
부화하면 병아리가 나온다.

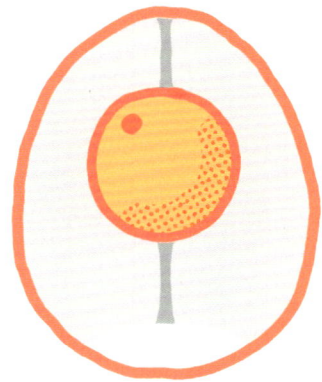

무정란(無精卵)

암탉이 혼자 낳은 알.
부화하지 못한다.

판매용 달걀 대부분은 수탉 없이 혼자 낳는 무정란입니다.

유정란을 얻으려면 수탉과 짝짓기를 해야 하기 때문이죠.

산란계 한 마리는 1년에 약 300개 내외의 알을 낳습니다.

한편 산란계 양계장은 알을 많이 낳게 하려고 특수하게 만듭니다.

'배터리 케이지(Battery cage)'라고 부르는 장치인데,

5-6마리의 산란계를 넣은 공간이 끝없이 이어지죠.

그리고 그런 장치를 2단, 3단, 높게는 7단, 8단까지 쌓아 만듭니다.

그곳에 갇힌 닭들은 밤에도 낮에도 사료를 먹으면서 알을 낳습니다.

그리고 사료를 많이 먹어야 알을 많이 낳기 때문에

조명은 밤낮없이 밝혀 둡니다.

그렇다면 산란계 한 마리에게 주어진 면적은 얼마나 될까요?

A4 용지 한 장 면적에 2마리 이상이 들어간다고 합니다.

누군가는 3마리가 들어간다고 하죠.

이렇게 좁은 공간에서 함께 살아가는 닭들이 평화롭게 살기는

힘들 것입니다. 그래서 산란계들의 부리가 단단해질 무렵이 되면

부리를 잘라 냅니다. 사료만 쪼아 먹을 수 있을 뿐, 서로 싸우더라도

상처를 낼 수 없게 만드는 것이죠.

또 다른 방식으로 산란계들은 고통을 겪기도 합니다.

산란계들은 70주, 약 1년 4개월 동안 알을 낳습니다.

그 후에는 알 낳는 수량이 줄어들어 도살해서 고기로 만들죠.

한편 알을 낳기 시작한 지 50주 정도가 지나면 털갈이를 시작하는데,

이때부터 알을 뜸하게 낳습니다. 이에 농장에서는

강제 털갈이를 시킵니다. 일주일 남짓 물과 사료를 금지하고

빛도 비추지 않으면, 닭들은 몸무게가 빠지면서 털갈이를 마칩니다.

이렇게 강제 털갈이를 시키는 이유는 단 하나,

털갈이 시간을 단축시켜 알을 더 빨리 얻기 위해서입니다.

누군가는 이런 일을 믿을 수 없다고 말할 것입니다.

그러나 이런 과정을 거쳐 생산된 값싼 달걀을 우리가 먹고 있습니다.

오늘날 우리는 매일 여러 개의 달걀로 만든 달걀말이,

달걀 가공품인 빵, 과자 등 엄청난 양의 달걀을 소비하고 있습니다.

누군가는 상상할 것입니다.

'과거와 같이 닭이 온종일 자유롭게 마당을 오가며,

암탉과 수탉이 사랑을 나누도록 할 수는 없을까?

그렇게 낳은 알을 먹으면서 살아갈 수는 없을까?'

가능합니다. 다만, 지금보다 비싼 값을 주고 달걀을 사 먹어야 하죠.

그뿐만이 아닙니다. 지금보다 적은 양의 달걀을 먹어야 할 것입니다.

우리가 그럴 준비가 되어 있다면 닭들 역시 지금보다 훨씬 평화롭고

행복하게 살 수 있을 것입니다.

하지만 사람들이 먹고 싶을 때 온갖 음식을 먹고, 그렇게 실컷 먹은

후 살을 빼기 위해 노력하는 삶을 반복한다면, 닭들 역시 쉼 없이

사료를 먹고 잠도 자지 않으면서 알을 낳아야 할 것입니다.

3부

한 달만 사는,
닭!

치킨의 탄생

육계, 즉 고기를 먹기 위한 닭의 운명 역시
산란계와 다르지 않습니다. 어쩌면, 산란계보다 더할지도 모릅니다.

앞서 살펴본 것처럼 육계를 기르기 시작한 것은
그리 오래되지 않았습니다.
미국에서는 약 100년 전부터 기른 반면, 다른 지역에서는
미국의 사례를 본 후 기르기 시작했습니다.
우리나라에서도 1970년대에 들어와 비로소
닭고기가 일반화되기 시작했죠.
닭고기가 일반화되기 전, 닭을 이용한 요리는
백숙처럼 해 먹는 방식이 대부분이었습니다.
그렇게 먹으면 적은 닭으로
많은 사람의 배를 채울 수 있었으니까요.

또 여름철 보양식으로 유명한 삼계탕은 극히 일부 부잣집에서만 먹는 특별한 음식이었습니다.

하지만 닭고기가 일반화되면서 다양한 닭 요리가 등장했습니다.

미국에서는 일찍부터 '켄터키프라이드치킨'이라고 부르는 튀김 요리가

등장했고, 너깃, 햄버거용 닭고기 등 다양한 요리를 선보였죠.

시간이 지나 우리나라에도 이런 요리가 선을 보였습니다.

그 후 우리나라에서는 세계적으로도 유례를 찾을 수 없을 만큼

독특한 요리가 등장합니다.

바로 '치킨'이라고 부르는 닭튀김 요리였습니다.

치킨(chicken)은 영어로 '닭'을 뜻합니다.

따라서 치킨은 요리 명칭이 아닌데, 대한민국에서는

'치킨'이 요리를 가리키는 명칭이 되었습니다.

대한민국에서 치킨이 널리 퍼진 것은

1988년 서울올림픽을 전후한 때입니다.

이전 세대에 비해 경제적으로 풍요로워진 시민들은 아시안게임과

올림픽 같은 다양한 국제 대회를 맞아 여가를 즐기기 시작했죠.

이와 함께 과거에는 맛볼 수 없었던 다양한 음식 문화에도

눈길을 돌리기 시작합니다.

막 성장하기 시작한 양계 산업이 그 틈을 노려, 오늘날 대한민국

나아가 전 세계를 뒤흔드는 '치킨'이 처음 선을 보였습니다.

치킨이 되기 위한 육계 생산 조건

수많은 사람에게 값싼 닭고기를 보급하기 위해서는
누군가의 희생이 필요했습니다. 물론 희생의 대상은 바로 닭이었죠.
닭고기를 값싸게 먹으려면 몇 가지 해결해야 할 문제가 있었습니다.

첫 번째, 과거의 닭을 키우는 방식에서 벗어나야 했습니다.

닭은 마당에서 5-6마리 풀어 놓고 키우면 돼. 그럼 달걀도 낳아 주고, 귀한 손님이 오시면 한 마리 잡아 대접할 수 있지.

먹이야 마당에 떨어진 곡식 낱알이나 볏짚 따위를 먹이지 뭐.

과거 방식으로는 대한민국 시민 모두가 값싸게 먹을 수 있는 닭을
키울 수 없었습니다.
결국 닭고기용 닭을 전문적으로 키우는 양계장, 양계 산업이
태동하기 시작했습니다.

두 번째, 새로운 닭 품종이 필요합니다.

과거부터 키우던 토종닭은 키우는 데 오랜 시간이 걸립니다.

또 고기 맛도 현대인의 입맛에 맞지 않았죠.

경제적으로도 효율이 떨어졌습니다. 그래서 양계업자들은

육계어 특화된 품종을 수입해 기르기 시작했습니다.

오늘날 육계용 닭 품종은 얼마나 적은 사료를 먹고

얼마나 빠르게 살이 많이 찌는가에 따라 좋고 나쁨이 결정됩니다.

세 번째, 많은 닭을 키울 수 있는 환경을 조성해야 합니다.

많은 닭을 키우기 위해서는 전문적인 양계장이 필요합니다.

또 수많은 닭을 키우다 보면 엄청난 양의 폐기물이 나옵니다.

이런 폐기물들을 처리할 수 있는 시설도 필요하겠죠.

그뿐이 아닙니다.

많은 닭을 좁은 공간에서 한꺼번에 키우면, 예상하지 못한 전염병이

퍼지기도 합니다.

이러한 문제들을 해결하기 위해서 새로운 환경에 맞는 양계 방법이

필요했습니다.

그렇다면 이러한 문제를 해결하기 위해 양계업자들은 어떤 방법을

도입했을까요?

육계의 3가지 비밀

앞서 말했듯이 육계 생산에 필수적인 것은 바로 경제성입니다.

닭 한 마리 가격이 전통 사회에서 기를 때처럼 비싸다면,

언제 어디서든 누구나 닭을 먹을 수 없기 때문입니다.

그때와는 비교할 수 없을 만큼 값싸게 생산할 필요가 있었죠.

그래서 양계업자들은 값싼 육계 생산을 위해

많은 노력을 기울이기 시작했습니다.

첫 번째 방식은 품종 개량입니다.

오늘날 닭을 먹는 사람들은 부드럽고 살이 많은 닭을 선호합니다.

고기 색 역시 하얀 것을 좋아하죠.

따라서 그런 품종의 닭을 생산해야 잘 팔릴 것입니다.

두 번째 방식은 신속하게 살찌게 만드는 것입니다.

양계 산업이 본격적으로 시작할 무렵, 육계 한 마리를 키우는 데
걸리는 시간은 100일 정도였습니다.
하지만 품종 개량을 통해 점차 짧아져 60일 만에 육계가 되었다가,
다시 50일, 40일을 거쳐 오늘날에는 30일 만에
육계로 팔려 가는 경우도 있습니다.

거듭된 품종 개량을 통해 최근에는 사육 기간이 30일까지
단축된 것입니다.
일반적으로 판매되는 닭은 무게가 약 1kg 내외인데, 한 달 남짓이면
튀김용 닭으로 판매할 만큼 살이 붙는 품종을 키우는 것이죠.
한편 '몇 마리 치킨' 같은 호칭이 붙는 상표들은
더 작은 닭을 씁니다.

사전에 따르면, 닭은 태어난 지 10주가 될 때까지 '병아리'라고
부릅니다. 따라서 우리는 오늘날, 닭을 먹는 것이 아니라
병아리를 먹는 셈입니다.

단시간에 빨리 살이 찌게 만드는 품종이라서, 살은 통통하지만
몸은 병아리입니다. 그러다 보니 양계장의 닭들은
제대로 걷지 못하는 경우가 흔합니다. 다리는 미처 성장하지 못해
무거운 몸통을 지탱할 수 없기 때문입니다.

또, 본래 닭의 뼈는 속이 비어 있어야 합니다.

조류는 날기 위해 뼈를 가볍게 만들도록 진화했기 때문이죠. 그래서
태어날 때는 뼈의 속이 꽉 차 있지만 자라면서 점점 비게 되는데,
우리가 먹는 치킨의 뼈는, 확인해 보면 알 수 있듯 속이 차 있죠.
미처 성숙하기도 전에 잡았기 때문입니다.

다 큰 닭이라고 여기며 치킨을 먹었기 때문에 몰랐던 사실입니다.
이들은 병아리이기 때문에 도계장, 즉 닭을 죽여 처리하는 곳에
들어갈 때까지 '꼬꼬댁' 울지 않고 '삐약삐약' 웁니다.

세 번째 방식은 더 빨리 살을 찌우기 위해 다양한 물질을 사용하는 것입니다.

처음에 닭을 빠른 시간에 키우기 위해 사용한 물질은

'성장촉진제'였습니다.

그런데 성장촉진제를 쓰는 데 대해 비판의 목소리가

거세게 들려오기 시작했고, 양계업계에서는

성장촉진제 사용을 줄일 수밖에 없었죠.

그러나 얼마 지나지 않아 성장촉진제 자체가 필요 없을 만큼

빨리 성장하는 품종을 개발했습니다.

이제 성장촉진제를 쓰지 않아도 두 달도 채 되지 않아

먹을 만큼 충분히 큰 닭을 생산할 수 있게 되었습니다.

하지만 모든 문제가 해결된 것은 아닙니다.

이번엔 질병이 문제였습니다.

그 무렵 양계장은 좁은 장소에 많은 닭을 가두어 놓은 채 키우는
방식이었습니다. 그러자 닭들 사이에 온갖 질병이 발생했습니다.
서로 부딪혀 상처가 나는 것은 물론, 온종일 소음과 분뇨에 뒤덮여

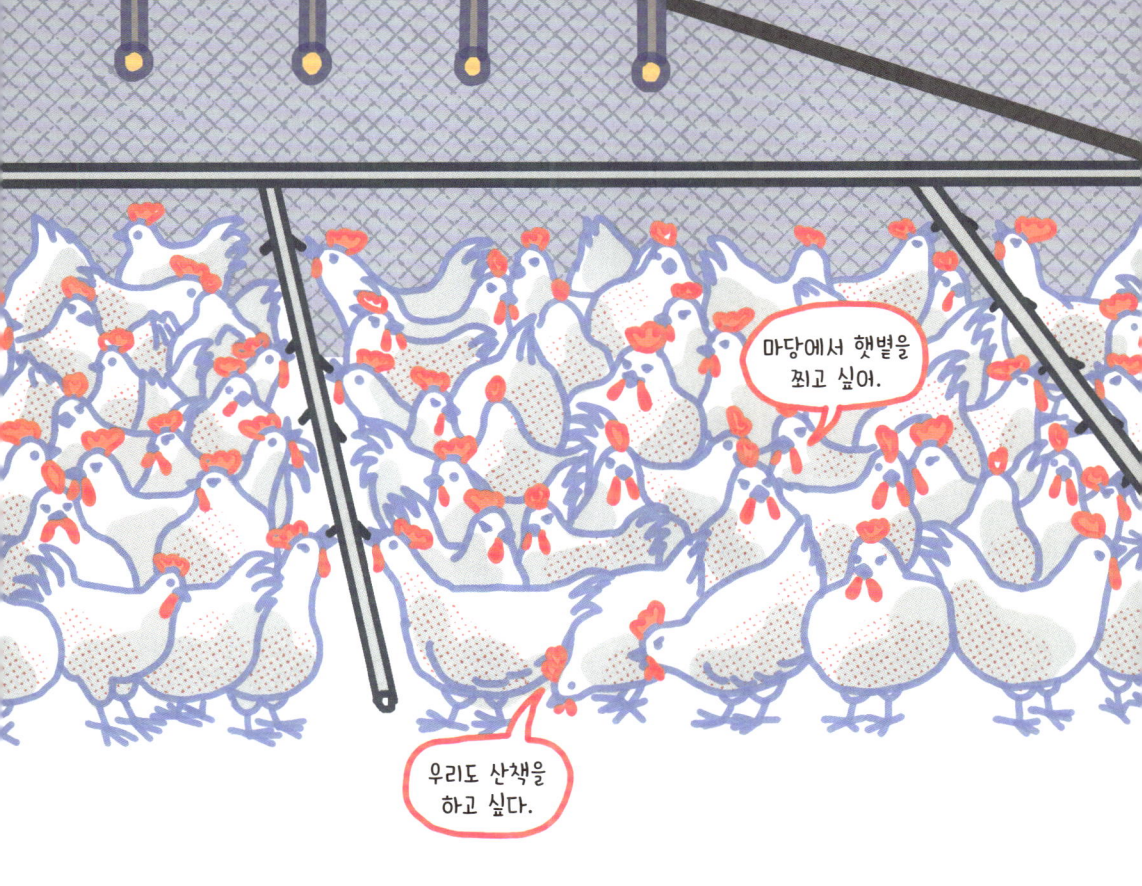

생활하다 보니 다양한 질병에 노출된 것이죠.

특히 밀집해서 사육하는 경우, 한 마리에게 질병이 발생하면

급속히 퍼져 나갈 수밖에 없습니다.

이러한 질병 발생에 대처하기 위해 20세기 중반부터 양계업자들은

항생제를 사용하기 시작했습니다.

항생제, 약이 아닌 사료?

항생제와 닭의 관계는 어떻게 출발했을까요?

1928년, 알렉산더 플레밍(Sir Alexander Fleming, 1881–1955)이 페니실린을

발견한 이래 처음 탄생한 항생제는 인류의 역사를 바꿔 놓았습니다.

그리고 항생제가 탄생할 무렵, 인류는 닭고기를 본격적으로

먹기 시작했습니다. 두 산업이 함께 발전할 환경이 조성된 셈이죠.

내가 페니실린을 발견하기 전,
인류는 종기만 나도 목숨을 잃곤
했지. 넘어져서 상처만 나도
자칫하면 목숨을 잃었다니까.

그런데 내가 항생제
페니실린을 최초로 발견한
이후로 그런 일이 싹 사라졌어.
그만큼 항생제는 기적의
신약이었지!

알렉산더 플레밍

제2차 세계대전이 한창일 무렵 다양한 항생제가 개발되면서

20세기 중반, 전 세계에서는 많은 항생제를 사용하기 시작합니다.

그 무렵 대규모 농장을 운영하기 시작한 양계업자들도 생각했죠.

그때부터 양계장에서도 엄청난 양의 항생제를 사용하기 시작합니다.

처음에는 질병이 발생한 농장에서만 사용하다가

시간이 흐르면서 모든 농장에서 닭들에게 항생제를 투여했습니다.

질병을 미연에 방지하기 위한 조치였죠.

그러다 더욱 놀라운 일이 발생했습니다.

항생제를 먹인 닭이 더 빨리 살찐다는 사실을 확인한 것입니다.

토마스 주크스
(Thomas Hughes Jukes, 1906-1999)

주크스가 활동하던 무렵인 1940년대 후반, 미국에서는

생선을 찌거나 말려서 만든 가루, 비타민을 첨가한 콩가루 등을

닭 사료로 사용했습니다.

그런 사료는 값이 꽤 나갔으나, 결과는 만족스럽지 못했죠.

그때 주크스는 새로운 실험을 합니다.

천연 물질, 어류 추출물, 콩가루, 그리고 항생제를 추출한 찌꺼기를

각기 다른 닭에게 먹이면서, 어떤 사료를 먹은 닭이 가장

뚱뚱해지는지 확인하는 실험이었습니다.

결과는 놀랍게도 항생제 찌꺼기를 먹인 병아리의 몸무게가 가장 많이

나갔습니다.

이때부터 양계 산업은 새로운 시대를 맞이하게 됩니다.

항생제로 만든 사료를 먹이기 시작한 것이죠.

질병 치료에 써야 할 약제가 닭의 사료로 쓰인 셈입니다.

사료 배합실

월
화
수
목
금
토
일

항생제 부작용

항생제가 개발되던 초창기, 인류는 항생제의 이점만 생각했을 뿐
문제점이 있을 거라고는 상상하지 않았습니다.

그러나 얼마 가지 않아, 페니실린에 내성이 생긴 바이러스가

생겨났습니다. 이전에는 페니실린으로 치료가 되던 질병이 더 이상

치료가 되지 않았던 것입니다.

그때부터 과학자들은 항생제를 남용하면 내성이 생겨

더 위험한 상황이 발생한다는 사실을 깨달았습니다.

닭에게 항생제 찌꺼기를 먹이는 것은 더욱 위험했습니다.

항생저를 복용하지 않은 모든 사람에게 항생제를 사용하는 것과

같은 효과를 가져오기 때문이었죠.

그럼어도 양계업자들은 항생제 사용을 멈추지 않았습니다.

하지만 결국 문제가 드러났습니다.

언제부터인가 닭을 다루는 사람들, 양계 농장에서 일하는 사람들,

닭을 많이 먹는 사람들 사이에 항생제 내성이 생기기 시작한 것이죠.

그때서야 과학자들은 양계 농장에서 항생제를 사용하는 것에 대해

경각심을 품기 시작했습니다.

그러나 이후에도 양계업자들은 어떻게 해서든 항생제를 이용하려고

했습니다. 그것이 가장 경제적인 방법이었기 때문입니다.

그러다 한 회사가 놀라운 방식을 생각해 냅니다.

매우 위험하지만, 큰 돈벌이가 되는 방식이었죠.

사전에도 안 나오는 '애크러나이징(acronizing)'이라는 단어로 표기한
신선한 닭은 바로, 묽은 항생제에 담갔다 빼낸 닭고기였습니다.
이렇게 처리하면 운송하고 유통하는 시간에도 상하지 않아
신선함을 유지할 수 있다는 의미로, 항생제를 방부제로 사용한
셈이었죠. 일반인들로서는 상상하기 힘든 처리 방식이었습니다.

21세기에 들어와 'UCS(Union of Concerned Scientists)' 라는

단체가 조사한 바에 따르면, 의료용 항생제 사용량은

연간 150만kg에 미치지 못하는 반면, 농업 분야에서는

1,100만kg 이상을 사용하는 것으로 밝혀졌습니다.

그 가운데 닭이 약 500만kg으로 가장 많은 양을 투여 받았죠.

결국 21세기에 들어와 미국 제44대 대통령 버락 오바마는

농장에서 항생제 남용을 방지하기 위한 조치를 취하기 시작했습니다.

그러나 세계 모든 나라가 이런 움직임을 갖는 건 아닙니다.

오늘도 우리는 어떻게 재배하고 수확했는지 불분명한 사료를 먹고 큰

닭과 돼지, 소고기를 먹으며 살아가고 있습니다.

＊ 과학적 연구로 환경 보호와 사회적 변화를 추구하는 단체이다.

건강한 닭고기를 찾아서

등장인물

미국 관광객

프랑스 정부 관계자

프랑스 농부

대한민국 소비자

어떤 기준인가요?

프랑스 정부에서는 미국이나 다른 나라에서 키우는 닭, 즉 빨리 크고 빨리 살찌는 닭 품종 생산을 권하지 않습니다.

그런 닭을 키우려면 항생제 사료부터 환경에 이르는 모든 과정을 공장식으로 운영해야 하니까요.

그럼 프랑스에서는 공장식 축산을 하지 않나요?

아닙니다. 그렇게 하는 분들도 많죠. 하지만 공장식 축산은 미래 프랑스인들의 건강과 삶에 도움이 되지 않을 거라고 여깁니다.

더욱이 시대의 흐름인 동물복지 정책에는 더더욱 맞지 않고요.

그래서 프랑스 정부에서는 양계 농장에 기준을 제공하고, 그 기준을 충족한 농장에는 라벨루즈(Label Rouge) 상표를 붙이도록 합니다.

그럼 닭 한 마리 가격이 비싸겠는데요.

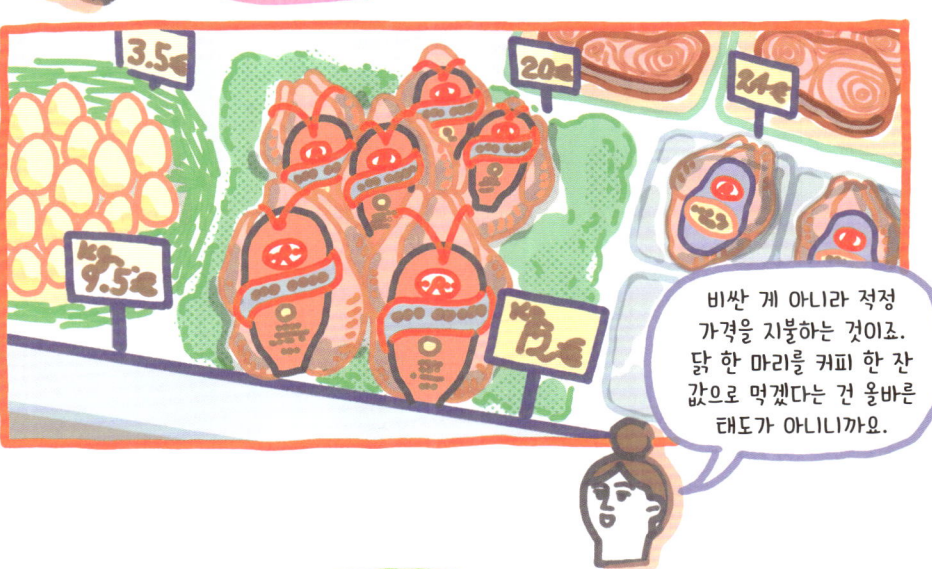

비싼 게 아니라 적정 가격을 지불하는 것이죠. 닭 한 마리를 커피 한 잔 값으로 먹겠다는 건 올바른 태도가 아니니까요.

밤에 닭을 들여놓는 닭장 크기에도 기준이 있습니다. 닭들이 자유롭게 잘 잘 수 있는 공간을 제공해야 해요.

닭에게 충분한 휴식 시간이 주어지겠군.

그렇다면 정말 라벨루즈 닭은 건강한가요?

공장식 축산을 통해 나오는 닭의 살모넬라균 검출 비율이 70%에 가까운 반면, 라벨루즈 닭은 5%도 채 되지 않습니다. 그러기 위해서는 항생제와 농약이 들어가지 않은 사료와 자연의 다양한 벌레, 식물, 곤충을 먹는 것이 필수죠.

살모넬라 검출 비율 70%

우리 프랑스에서는 달걀 생산에도 엄격한 기준을 적용하고 있답니다.

기준에 맞게 생산한 달걀에는 QR 코드를 붙이죠. 이 코드를 확인하면 언제 어디서 누가 생산한 달걀인지 알 수 있어요!

그뿐이 아니에요. 그 달걀을 생산한 농장 풍경까지 볼 수 있다니까요.

label Rouge

하지만 가장 중요한 것은 맛이잖아요. 보시는 것처럼 대한민국은 다양한 맛으로 닭을 즐겨 먹는다고요. 라벨루즈 닭은 맛있나요?

사람마다 입맛이 다르겠죠. 하지만 분명한 건 라벨루즈 닭은 그냥 구워 먹어도, 삶아 먹어도 맛있다는 사실입니다.

대한민국에서 그냥 구워 먹는 닭이 얼마나 되나요? 엄청난 양념을 해서 먹지 않나요? 대한민국 사람들은 닭을 먹는 게 아니라 양념과 소스를, 튀김옷을 먹는 셈 아닐까요?

그냥 닭고기는 무슨 맛으로 먹어? 원래 닭은 양념 맛, 튀김옷 맛으로 먹는거 아닌가?

게다가 치킨은 칼로리도 높지. 양념치킨 한 마리 칼로리가 약 3,000kcal라 조금만 먹어도 금방 살찔 수 있지롱. 헤헤!

프랑스에서 키우는 라벨루즈 닭들은 아무리 짧아도
81일에서 110일이 될 때까지 도살할 수 없습니다.
이렇게 키운 닭의 무게는 1.2kg에서 1.7kg 사이이며,
프랑스 소비자들은 이 정도의 닭을 비교적 어린 닭으로 보고 있죠.

이처럼 프랑스뿐만 아니라 세계 여러 지역에서
동물복지 기준을 지키면서 닭고기, 돼지고기, 소고기를 키우고
먹고자 하는 움직임이 일고 있습니다.

동물복지 농장

4부

닭은 마당으로
나올 수 있을까?

동물복지 이야기

과거에 인류는 이렇게 생각했습니다.

동물은 이성적으로 사고할 수 없기 때문에 물건으로 취급해도 되는 존재입니다.

천국은 인간이 가는 곳입니다. 동물을 위한 천국은 없어요.

이성을 가져야 인간이에요. 그래서 우리는 이성을 가진 인간인데, 흑인은 이성이 없습니다.

그러니 흑인은 노예로 써도 됩니다. 동물이요? 그건 먹는 건데….

토머스 제퍼슨(Thomas Jefferson, 1743-1826)

* 미국의 정치가·제3대 대통령. 1776년에 독립 선언서를 기초하고, 초대 국무 장관을 지냈다.

토머스 페인(Thomas Paine, 1737-1809)

그러나 시간이 흐르면서, 모든 인간은 평등하다고 여기는 사람들이

나타나기 시작했습니다.

인종, 피부색, 남녀, 민족, 그리고 계급이 무엇이든

모든 인간은 똑같은 존재라고 주장하고 나선 것입니다.

영국 태생의 미국 정치 평론가.

메리 울스턴크래프트
(Mary Wollstonecraft,
1759- 1797)

토머스 테일러
(Thomas Taylor,
1758-1835)

오늘날에는 당연한 것으로 여기는 시각이 불과 1, 2백여 년 전에는
터무니도 없는 주장이었던 셈입니다.
그러나 시대가 바뀌면서 동물을 바라보는 시각 역시
점차 변하기 시작했습니다.

인간은 물론 동물도 권리를
얻는 날이 올 거야. 피부가 검다고
고통받던 노예들이 이젠 우리와
같은 사람으로 인정받고 있잖아.

그럼 동물이니까
고통받아도 된다는 것도
잘못된 것이 아닐까?

지구상의 모든 생물은
공통 조상에서 유래했습니다.
그러니 인간과 동물을
차별해서는 안 됩니다.

제러미 벤담(Jeremy
Bentham,1748-1832)*

찰스 다윈(Charles Robert
Darwin, 1809-1882)**

* 영국의 철학자·법학자. 인생의 목적은 최대 다수의 최대
행복의 실현에 있다고 하는 공리주의를 주장했다.
** 영국의 생물학자. 1858년에 자연 선택에 의하여 새로운 종이
기원한다는 자연 선택설을 발표했다.

저는 동물권을 주장했습니다. 사람에게 인권이 있다면 동물에게도 동물권이 있다는 말이죠. 사람과 동물이 다를 게 뭔가요?

반려동물이라는 말에는 나와 반려동물이 같은 가족이라는 의미가 담겨 있잖아요. 그런 사람들이 다른 동물은 어떻게 대우하고 있습니까?

동물도 인간처럼 고통과 쾌락을 느낍니다. 따라서 동물에게도 도덕적 지위를 인정해야 합니다.

그래서 나는 인류 최초로 '동물 해방'이라는 표현을 썼죠.

톰 레건(Tom Regan, 1938-2017)*

피터 앨버트 데이비드 싱어
(Peter Albert David Singer, 1946-)**

오늘날 세계 많은 나라에서 사람들은 동물복지, 동물권, 동물 해방이라는 표현을 사용하고 있습니다. 마트에서 '동물복지 달걀', '동물복지 닭고기', '동물복지 우유' 같은 표현을 심심치 않게 볼 수 있죠. 과거에는 인간에게만 사용하던 복지(福祉)라는 단어를 동물에게 사용하는 시대가 된 것입니다.

* 미국의 철학자. 20세기 후반 동물 윤리학 분야에서 가장 영향력 있는 철학자 중 한 명으로 꼽힌다.
** 호주 출신의 철학자로, 동물 해방을 주장한 것으로 유명하다.

그렇다면 '동물복지'를 사전에서는 어떻게 정의하고 있을까요?

동물복지(動物福祉)
동물이 배고픔이나 질병 따위에 시달리지 않고 행복한 상태에서
살아갈 수 있도록 만든 정책이나 시설. 식용으로 소비되는 소나 돼지
따위의 가축이 열악하고 지저분한 환경에서 자라지 않고 최대한 청결한
곳에서 적절한 보호를 받으며 행복하게 살 권리를 포함한다.

그 외에 '동물복지형 축산'이라는 단어도 있습니다.

동물복지형 축산(動物福祉型 畜産)
동물복지를 추구하는 방식으로 경영하는 축산. 햇볕이 잘 들고 바람이
잘 통하는 쾌적하고 넓은 사육 공간을 확보하여 가축이 행복하게 생활할
수 있도록 하는 것, 도축할 때 스트레스를 최소화하는 것, 위생적인 사양
관리에 힘써 가축의 자연 면역력을 강화하는 것 따위를 포함한다.

이 페이지에 나오는 정의는 국립국어원《우리말샘》의 것이다.

지금 전 세계 각국에서는 동물복지에 관한 다양한 법을 시행하고
있습니다.

나라별로 차이는 있지만, 법에 담긴 주요 내용은 다음과 같습니다.

· 건강에 적합한 먹이를 줄 것

· 질병을 예방하고 치료하는 수의학적 관리를 할 것

· 적절한 운동 기회를 줄 것

· 정기적으로 생활 환경을 관찰할 것

· 청소 등 위생관리를 할 것

한편 우리가 고기를 먹을 때도 동물의 고통과 피해가

최소화되도록 노력하자는 움직임이 일고 있습니다.

나아가 가능하면 적게 먹겠다는 뜻을 피력하는 사람들도 늘고 있죠.

동물을 먹는 태도에는 여러 가지가 있습니다.

우리말로는 대부분 '채식주의자'라고 부르는데

채식주의에도 단계가 있습니다.

첫 번째는 베지테리언(vegetarian)입니다.

베지테리언의 역사는 오래전으로 거슬러 올라갑니다.

역사상 최초의
채식주의자는 바로 저
아니겠어요? 불교는 모든
동물을 죽이지 않는 불살생을
지켜야 하니까요.

왜 그러냐고요?
모든 동물은 윤회를 합니다.
그러니 오늘의 내가
다음 생에는 소나 닭으로
태어날 수도 있는 것이죠.

석가모니
(기원전 560년 경-
기원전 480년 경)

그런데 어찌 동물을
함부로 죽일 수 있겠습니까?
하물며 먹는다고요? 자칫하면
여러분의 조상님을 먹게
될 수도 있습니다.

피타고라스(Pythagoras, 기원전 570-기원전 495)

피타고라스와 석가모니 외에도 채식주의를 주장하고 실천한 사람은
적지 않았습니다.
18세기에 활동한 스웨덴의 과학자인 스베덴보리는 심령 체험을
겪은 뒤 새로운 주장을 내세워 세상 사람들의 이목을 끌었죠.

난 심령 체험을 통해
과학자에서 신학자로
바뀌었지.
그 후 성경 공부를 하다
채식을 결심했어.

에마누엘
스베덴보리(Emanuel
Swedenborg, 1688-1772)

우리는 스베덴보리의
가르침을 따르고
실천하기로 했어.

vegetable + ian

그때부터 채식주의를 했는데,
우리 스스로 베지테리언이라고
부르기로 했지. vegetable(채소)+
ian(사람을 뜻하는 표현)을
이용해 만든 단어야.

20세기에 들어와 베지테리언들 사이에 의견이 나뉩니다.

우유나 버터, 치즈, 달걀도 안 먹는 사람들과

그런 것은 먹어도 된다고 여기는 사람들로 나뉜 것이죠.

그래서 탄생한 것이 비건(vegan)입니다.

저는 아내 도로시와 함께
'비건 소사이어티'를 창립했죠.
완전한 채식주의를 실천하는
단체입니다. 비건이라는 명칭을
어떻게 만들었냐고요?

'vegetarian'(베지테리언)의
맨 첫 부분 'veg'에 맨
마지막의 'an'을 붙인 것입니다.
베지테리언의 처음이자 마지막이
바로 비건이라는 의미죠.

도널드 왓슨
(Donald Watson, 1910-2005)

다양한 식생활 종류

비건

우린 주로 윤리적 목적으로 완전한 채식을 하는 사람들이야. 숫자는 매우 적지.

베지테리언

우리도 채식주의자인데, 달걀, 우유, 치즈 따위는 먹어. 동물을 죽이지 않고도 생산할 수 있잖아. 우리들 가운데는 윤리적 목적으로 하는 사람도 있고, 건강을 위해 하는 사람도 있어.

평범한 사람들

우리는 먹고 싶은 것을 먹는 사람들이지. 평범한 사람들이라고나 할까. 여러분 대부분도 우리와 같을 거야.

육식주의자

우린 고기를 매우 즐기는 사람들이야. 가끔 채식을 하지만 주로 고기를 먹지. 중앙아시아에서 양을 키우거나, 채소가 나지 않는 알래스카 사람들 중에 우리 같은 육식주의자가 많아.

카니보어

우리는 고기를 비롯한 동물성 식품만 먹어. '카니보어(carnivore)'라고 부르지. '고기'를 뜻하는 라틴어 'carnis'와 '게걸스럽게 먹다'를 뜻하는 라틴어 'vorare'를 결합한 거야.

사람들은 말합니다.

채식을 실천하는 사람들도 자신이 옳다고 주장하지 않습니다.

모두가 채식을 해야 한다고 내세우지도 않습니다.

다만, 한 가지 공통적으로 하는 말은 있습니다.

동물도 사람처럼 고통과 기쁨을 느끼는 존재랍니다. 그러니 동물들에게 고통을 안겨 주는 일은 가능한 삼가는 게 좋겠죠.

우리는 너무 많은 고기를 먹고 있어요.

엄청난 양의 고기를 생산하려면 자연 방목으로는 불가능합니다. 결국 동물에게게 큰 고통을 안겨 주고, 인간에게도 새로운 질병이 찾아오는 공장식 축산을 할 수밖에 없습니다.

공장식 축산이 이루어지는 현장을 본 사람들은 한동안 식사를 못 할 만큼 큰 충격을 받죠. 비윤리적인 공장식 축산은 사라져야 합니다!

고기를 조금 적게 먹는 것이 어떨까요?

맞습니다. 공장식 축산에서 나오는 유해물질과 폐기물은 기후변화에도 큰 영향을 끼치니까요.

그뿐인가요? 항생제 등 다양한 화학물질을 사용하면, 우리에게도 좋지 않은 결과를 가져온다고요.

우리가 모르는 많은 사실이 있습니다.

그 가운데 대표적인 것이 곡식은 사람이 먹기 위해 재배한다는 믿음이죠.

실제로는 전 세계 농토의 80%가 축산업에 쓰입니다.

사람은 하루에 500g의 곡식도 먹기 힘들지만,

소고기 1kg을 만들기 위해서는 12kg의 옥수수가 필요합니다.

닭은 그보다 적은 양을 먹지만, 숫자가 월등히 많으니

비슷한 양을 먹고 있는 셈이죠.

우리는 매 끼니 고기를 먹으면서, 제대로 먹지 못하는 저개발국가

어린이들에게 동정을 표하는 것은 어울리지 않는 행동이기도 합니다.

또 전 세계에서는 하루에 약 30억 마리의 동물을 잡아먹습니다.

우리가 먹는 치킨도 그에 포함됩니다.

인류는 너무 많은 고기를 먹는 것은 아닐까요?

엄청난 양의 고기를 생산하기 위해서는 공장식 축산은 불가피합니다.

미국의 공장식 축산에 속해있는 동물의 수

출처: Our World in Data, 2022년 기준 추정

육계
공장식 축산　92억 마리 (99.96%)
비공장식 축산　350만 마리

산란계
공장식 축산　3억 8천만 마리 (98.3%)
비공장식 축산　660만 마리

돼지
공장식 축산　7,300만 마리 (98.6%)
비공장식 축산　100만 마리

소
공장식 축산　6,600만 마리 (75%)
비공장식 축산　2,200만 마리

맞습니다.

모든 사람이 채식을 할 필요도 없고, 그럴 수도 없습니다.

다만 우리가 너무 많은 고기를 먹고 있지 않은지

돌아볼 필요는 있습니다.

많은 고기를 생산하기 위해서는 지구온난화를 가져오는

환경 파괴가 불가피합니다.

지금 이 순간에도 브라질 아마존 밀림은 동물 사료 생산을 위해

파괴되고 있습니다.

한쪽에서는 굶주리는 사람이 있는가 하면, 다른 쪽에서는

고기 생산을 위해 막대한 곡식을 사료로 만들고 있죠.

그렇다면 우리는 어떻게 행동해야 할까요?

한 사람 한 사람이 조금씩 결심하면, 매일 알만 낳다가 죽는 닭,

고작 한 달여 만에 도살되는 병아리,

태어나자마자 분쇄기로 들어가는 수평아리의 숫자가 줄어들 것입니다.

또, 우리가 닭을 구매하거나 소비할 때, 가격 중심의 시선보다

품종부터 사육 방식 등 중심의 좀 더 까다로운 시선을 가진다면

닭이 자라는 환경도 자연스럽게 바뀌지 않을까요?

참고 문헌

도서 《치킨로드: 문명에 힘을 실어준 닭의 영웅 서사시》, 앤드루 롤러 지음, 이종인 옮김, 책과함께
《빅 치킨: 항생제는 농업과 식생활을 어떻게 변화시켰나》, 메린 매케나 지음, 김홍옥 옮김,
　　　에코리브르
《동물과 인간》, 박재학, 안나 지음, 토일렛프레스
《치킨에는 진화의 역사가 있다: 닭벗부터 닭발까지, 본격 치킨 TMI》, 가와카미 가즈토 지음,
　　　김소연 옮김, 문예출판사
《닭고기가 식탁에 오르기까지: 달걀이 프라이드치킨이 되기까지, 양계장이 공장이 되기까지》,
　　　김재민 지음, 시대의창
《동물권을 묻는 십대에게: 고통과 행복을 느끼는 모든 존재가 더불어 살기 위한 또 하나의 권리
　　　이야기》, 전범선 지음, 안난초 그림, 서해문집
《유네스코 동물권리선언 탐구생활: 착한 사회를 위한 공존과 생명권 이야기》, 배병호, 정종영
　　　지음, 김용길 그림, 파란자전거
《동물에게 다정한 법: 동물을 변호합니다》, 동변(동물의 권리를 옹호하는 변호사들) 지음, 날
《동물 기계: 새로운 공장식 축산》, 루스 해리슨 지음, 강정미 옮김, 에이도스
《동물은 어떻게 슬퍼하는가》, 바버라 J. 킹 지음, 정아영 옮김, 서해문집

백과사전 《브리태니커 백과사전》
《두산백과사전》

언론사 및 〈한국경제신문〉, 2022년, 6월 10일자
웹사이트 〈오마이뉴스〉, 2022년 5월 4일자
〈광주일보〉, 2023년 12월 3일자
한국육계협회 누리집
〈위키피디아〉

글 | 기획집단 MOIM

출판의 새로운 모색과 독자들과의 즐거운 소통을 위해 출판 기획자와 문(文)·사(史)·철(哲) 대중 교양서 저술가, 번역가 등의 전문가들이 모인 기획집단입니다. MOIM은 우리말로 '교양을 갖춘 모든 사람을 모이게 한다', 영어로는 'Mozart's Imagination'의 줄임말로, 상상과 창의가 가득한 책을 나고자 하는 바람을 담고 있습니다. 그동안 펴낸 책으로《핵무기의 모든 것》,《지정학의 모든 것》,《장벽의 모든 것》,《플랜테이션 세계사》등이 있습니다.

그림 | 홍지혜

사적이고 내밀한 감정을 표현하는 데 관심이 있습니다. 그 힘으로 일러스트, 디자인 등 여러 분야에서 활동하고 있습니다. 쓰고 그린 책으로《L 부인과의 인터뷰》,《건축물의 기억》(공저) 등이 있고, 그린 책으로《육식과 채식 : 고기 말고 그럼 뭘 먹으라고?》,《초등 디지털 미디어 리터러시》,《수탉 몬다의 여행》등이 있습니다. 드로잉 모음집《주말의 공원》,《너에게 보내는 가벼운 시간》을 독립 출판했습니다.

www.fentasmo.kr

일러스트와 함께 보는, 현재 그리고 미래를 살아갈 우리가 반드시 알아야 할 이야기!

001
세상을 바꾼 87km
셀마 대행진
박정주 글 | 소복이 그림
160쪽 | 13,500원

★행복한아침독서 추천도서(청소년)
★제21회 대한민국 독서대회 지정도서
★한국어린이출판연합 이달의 꼭 만나볼 책
★한우리독서토론논술 선정도서
★청소년출판모임 책꽂이 추천 도서

002
빠르게 만들고
빠르게 버리는 옷의 비밀
패스트 패션
기획집단 MOIM 글 | 이해정 그림
104쪽 | 13,500원

★서울시교육청 강서도서관 추천도서
★한우리독서토론논술 선정도서
★청소년출판모임 책꽂이 추천도서

003
지도를 바꿔 버린
유럽의 식민지 전쟁
아프리카 쟁탈전
기획집단 MOIM 글 | 2da 그림
160쪽 | 14,500원

★고래가숨쉬는도서관 신학기 추천도서
★월간 책씨앗 추천도서
★청소년출판모임 한 학기 한 책 읽기 추천도서

004
인류가 낳은
인류 파괴 BUTTON
핵무기의 모든 것
기획집단 MOIM 글 | 이크종 그림
176쪽 | 15,000원

★월간 책씨앗 추천도서
★고래가숨쉬는도서관 신학기 추천도서
★청소년출판협의회 이달의 청소년 책
★서울시교육청 용산도서관 추천도서

005
광고의 역사부터 애드테크까지
광고의 모든 것
김재인 글 | 위수연 그림
152쪽 | 15,000원

★경기중앙교육도서관 사서와 함께
 행복한 책읽기 추천도서
★국립어린이청소년도서관 추천도서
★파주시 중앙도서관 눈에 띄는 책
★속초시립도서관 추천도서
★한우리독서토론논술 선정도서

006
끊이지 않는 전쟁,
갈등, 외교를 이해하는 지름길
지정학의 모든 것
기획집단 MOIM 글 | 이크종 그림
144쪽 | 15,000원

★전국지리교사모임 추천
★월간 책씨앗 추천도서

007
인류 문명이 꽃핀 6,400km
실크로드
황동하 글 | 나수은 그림
104쪽 | 15,000원

★월간 책씨앗 추천도서
★고래가숨쉬는도서관 여름방학 추천도서

008
인류가 만든 차단과
분리의 역사
장벽의 모든 것
기획집단 MOIM 글 | 신병근 그림
122쪽 | 15,000원

★월간 책씨앗 추천도서
★고래가숨쉬는도서관 추천도서

009
착취와 파괴로 범벅되어
우리에게 온 작물 이야기
플랜테이션 세계사
기획집단 MOIM 글 | 김지하 그림
136쪽 | 16,800원